KB202709

예수 그리스도에 올인하는
당신에게 드립니다.

_____ 님께

_____ 드림

그리스도 예수의 마음

펴낸날 | 초판 1쇄 2019년 8월 15일

지은이 | 정은주
펴낸이 | 지무룡
펴낸곳 | 가스펠북스
기획편집 | 정현미
출판등록 | 109-91-93560

주소 | 서울시 강서구 화곡로 63길 65, 101호
전화 | 02-2657-9724 팩스 | 02-2657-9719
홈페이지 | www.iyewon.org

ISBN | 979-11-950706-6-4 (03230)

※ 값은 뒤표지에 있습니다.
※ 잘못 만들어진 책은 구입하신 서점에서 바꾸어 드립니다.

이 도서의 국립중앙도서관 출판예정도서목록(CIP)은 서지정보유통지원시스템 홈페이지(http://seoji.nl.go.kr)와
국가자료공동목록시스템(http://www.nl.go.kr/kolisnet)에서 이용하실 수 있습니다.
(CIP제어번호: CIP2019028644)

그리스도 예수의 마음

|丁恩柱 牧師 지음|

가스펠 북스

차례

1강 | 절대 순종

2강 | 절대 헌신

3강 | 절대 행복

1강

절대 순종

너희 안에 이 마음을 품으라 곧 그리스도 예수의 마음이니

그는 근본 하나님의 본체시나 하나님과 동등됨을 취할 것으로 여기지 아니하시고

오히려 자기를 비워 종의 형체를 가지사 사람들과 같이 되셨고

사람의 모양으로 나타나사 자기를 낮추시고 죽기까지 복종하셨으니 곧 십자가에 죽으심이라

이러므로 하나님이 그를 지극히 높여 모든 이름 위에 뛰어난 이름을 주사

하늘에 있는 자들과 땅에 있는 자들과 땅 아래에 있는 자들로 모든 무릎을 예수의 이름에 꿇게 하시고

모든 입으로 예수 그리스도를 주라 시인하여 하나님 아버지께 영광을 돌리게 하셨느니라

-빌립보서 2:5-11

들어가는 말

　초대교회 성도들은 이 본문을 늘 찬송시로 불렀다고 합니다. 여러분도 이 말씀을 날마다 묵상하시길 바랍니다. 성경에서는 '그리스도 예수의 마음을 본받으라.'고 말씀하고 있지만, 정작 우리의 마음은 어떠합니까? 세상 욕심으로 가득 차 있지는 않습니까?

　이번 새벽기도를 통해 3일 동안 빌립보서 2장 5절~11절 말씀을 계속해서 묵상하시길 바랍니다. 사도 바울은 우리에게 '그리스도 예수의 마음을 품으라.'고 강조하고 있는데, 이것은 곧 신앙생활의 시작이자 과정이며 마무리라 할 수 있습니다. 신앙생활이란 곧 그리스도의 마음을 품는 것입니다. 하지만 놀랍게도 많은 성도들이 세상에 대한 욕심, 야망을 마음에 품고 살아갑니다. 이번 기회를 통해 영적 자세를 바꾸는 시간이 되길 바랍니다.

　여러분, '따라쟁이'란 말을 알지요. 어린아이들은 자라면서 아빠, 엄마가 하는 걸 보고 그대로 따라 하며 배워나갑니다. 말도 배우고, 행동도 배우고, 생각도 배우면서 그걸 응용하지요. 여러분도 예수 그리스도의 따라쟁이가 되길 바랍니다. 어린아이는 스스로 판단할 능력이 없기 때문에 우선 어른들이 하는 행동을 보고 따라 하게 됩니다. 하나님의 자녀도 우리 스스로 판단하지 말고 그리스도를 따라 살아야 합니다. 이는 곧 예수 그리스도의 각인, 뿌리, 체질이 되어야 한다는 의미입니다.

　체질이란 참 무서운 것이죠. 세속에 빠져 있으면 영적인 것이 들어오지 못합니다. 수십 년 동안 교회를 다니지만 체질이 바뀌지 않으면 자신도 모르게 창세기 3장의 '나 중심', 창세기 6장의 '물질 중심', 창세기 11장의 '성공 중심'이 가슴에 박히게 됩니다. 그래서 문제가 오면 곧바로 시험에 들고 낙심하지요. 우리가 "시험에 들었다."고 이야기하는 것은 곧 "힘이 빠졌다." "기도가 안 된다." "은혜가 안 된다."는 말이며, 이는 창세기 3장, 6장, 11장에 빠졌다는 뜻입니다.

늘 성령으로 충만하시길 바랍니다. 교회 안에서 시험 들지 마시고, 문제가 와도 낙심하지 마시길 바랍니다. 사단은 항상 우리를 창세기 3장, 6장, 11장에 걸려들게 만듭니다. 교회에 오면 항상 돈 때문에 시험에 들고, 자리 때문에 욕심이 들게 합니다. 이 모든 게 바로 나 중심의 체질이 변하지 않아서 그렇습니다. 교회 밖이든 안이든 늘 이렇게 똑같은 모습인 거죠. 그러면 하나님이 쓰시지 않습니다. 아무리 입으로 세계복음화를 떠들어도 결코 되어지지 않습니다.

본문에서는 '예수 그리스도의 마음을 품는다'고 했습니다. 이에 대해 사도 바울은 일목요연하게 정리했어요. 본문에 나오는 한 단어 한 단어를 계속 묵상해보세요. 저 역시 이 말씀을 계속 묵상해보니 새벽까지 잠이 오지 않았습니다. 이렇게 하나님의 말씀을 묵상하고 암송하는 것은 영적으로 굉장히 탁월한 효과가 나타납니다. 여러분은 성경구절 중 외우고 있는 게 얼마나 있습니까? '암송이 필요한가?' 하고 생각하지만, 이것은 우리가 영적 싸움을 할 때 착착 빼낼 수 있는 무기가 됩니다. 성도들 중에는 종종 찬송도 모르고, 말씀도 한 구절 모르는 경우가 있습니다. 다시 말해 영적 무장이 하나도 안 되어 있다는 것이죠. 구원의 투구를 쓰고 진리의 허리띠를

두르고 평안의 복음의 신발을 신고 성령의 검으로 영적 싸움을 해야 하는데, 하나도 무장이 안 되어 있는 겁니다. 그러니 계속 당할 수밖에요.

이번 기회를 통해 본문의 말씀을 하나하나 내 것으로 묵상하면서 순종하는 시간을 가져보길 바랍니다. '절대 순종'이란 해도 좋고 안 해도 좋은 게 아닙니다. "나는 안 돼."가 아니라 "무조건 한다."는 생각으로 절대 순종의 마음을 가지시길 바랍니다.

올인하신 그리스도

(1) 예수님의 성육신

예수님은 하나님의 말씀에 올인했습니다. 참 중요한 부분이죠. 그 올인을 어떻게 하셨습니까? 하나님이신 예수님이 성부 하나님 앞에 순종함으로써 올인했습니다. 그게 빌립보서 2장 6절~8절 내용입니다. 그는 '근본 하나님의 본체이신데 하나님과 동등됨을 여기지 아니하시고 오히려 자기를 비웠다'고 말씀하십니다. 요한복음 1장 14절에는 이런 말씀이 나옵니다.

"말씀이 육신이 되어 우리 가운데 거하시매 우리가 그의 영광을 보니 아버지의 독생자의 영광이요 은혜와 진리가 충만하더라."

예수 그리스도의 성육신. 이것이 바로 올인입니다. 예수님은 근본 하나님의 본체이시지만 하나님의 예언을 성취하시기 위해 하나님의 사람이 되셨습니다. 그래서 십자가에 못 박히셨고, 절대 순종을 하신 거지요.

　　신앙생활이 바로 이런 것입니다. 우리에겐 어떤 이론도 논리도 필요 없습니다. 하나님의 말씀에 어떤 이유도 없이 순종해야 합니다. 어떻게 그럴 수 있을까요? 바로 하나님과의 깊은 소통에서 비롯됩니다. 신앙생활을 잘하는 열쇠, 믿음이 자라는 열쇠, 기도응답을 받는 열쇠는 바로 하나님과 단둘이 나누는 깊은 소통에 있습니다. 하나님과 깊은 소통이 없는 사람은 절대 순종하지 않습니다. 자기 마음대로 살아가죠. 우리는 하나님의 말씀을 이용하는 것이 아니라, 내 것으로 만들기 위해 묵상하고 하나님과의 소통을 통해 이면계약을 맺어야 합니다. 하나님과 나만이 가진 비밀, 깊은 소통을 하는 것입니다.

　　유명한 신학자 '엔드류 머레이(Andrew Murray)[1]'는 《순종》이라

---

[1] 19세기 남아프리카의 성자이자 기도와 성령의 사람으로, 그리스도인의 경건한 생활과 기도에 관한 240여 편의 주옥같은 글들을 남겼다.

는 자신의 책에서 이렇게 말했습니다.

"순종의 비결은 하나님과의 밀접한 관계다. 이것이 순종의 결과다."

여러분은 어떠합니까? 순종하고 있습니까? 이번 시간을 통해 한번 점검해보세요. 내 주장, 내 고집, 내 계획, 내 욕심을 내려놓고 하나님 앞에 순종하는 삶을 살겠다고 다짐해보세요. 그래서 3오늘은 참으로 중요합니다. 하나님이 오늘 나에게 주신 말씀으로 기도하고, 전하는 3오늘. 이 속에 신앙생활의 비밀이 담겨 있습니다. 3오늘이 체질이 될 때 비로소 무너지지 않는 견고한 성을 쌓을 수 있습니다. 사단의 공격을 무력화시킬 수 있는 유일한 방법이 바로 3오늘입니다. 기도 안 하고, 말씀 듣지 않고, 복음 전하지 않은 채 살아가는 성도들이 참 많습니다.

특히 교역자들에게는 3오늘의 가슴이 필요합니다. 말 한 마디를 해도 다른 이의 마음에 감동을 줄 수 있는, 하나님의 말씀에 절대 순종하는 자의 모습이 필요합니다. 그게 없으면 모든 행동은 형식적인 것이 되고, 모든 말은 마음에 없는 소리가 됩니다. 듣는 사람 역시 아무런 감동이 없겠지요. 우리의 영이 이미 알기 때문입니다. 직분이 중요할수록 더 많은 은혜를 받으시길 바랍니다. 은혜를 받

지 못한 채 직분을 받으면 마귀의 심부름을 하며 더 고단한 삶을 살
게 될 뿐입니다.

　우리나라 최고의 신학자인 박윤선 박사님이 이런 말을 했습니
다.
　"신자의 삶은 계시에 의존한 삶이다."
　이게 무슨 말입니까? 여기서 계시에 의존한다는 것은 하나님과
나와의 영적 사색이 필요하다는 뜻이기도 합니다. 모든 행동과 생
각이 하나님의 말씀으로 이루어져야 한다는 것입니다. 사람의 말,
내 감정에 근거해서 사는 게 아니라 하나님의 말씀에 근거해야 합
니다. 계시란 하나님의 말씀이니까요. 말씀에 대한 사색이 지속적
으로 이루어지지 않으면 우리에게는 자꾸만 옛 틀로 바뀌려는 습
성이 있어 불신자 상태, 종교 생활을 하던 모습으로 되돌아가게 됩
니다.

　그래서 이번 새벽기도를 통해 계속해서 강조하려고 합니다.
　"그리스도의 마음을 품으라."
　예수님의 마음을 품으면 사람을 미워할 수 없습니다. 평가할 수

없습니다. 원수 맺고 살 수 없으며 공격하거나 거짓말하지 못합니다. 오늘부터 "그리스도 예수의 마음을 품자."고 기도하세요. 이런 생각을 하는 것만으로도 사단은 겁이 나서 도망갑니다.

(2) 예수님의 올인 이유

예수님이 올인하신 이유는 첫째, 언약 성취 때문입니다.

내가 너로 여자와 원수가 되게 하고 네 후손도 여자의 후손과 원수가 되게 하리니 여자의 후손은 네 머리를 상하게 할 것이요 너는 그의 발꿈치를 상하게 할 것이니라 하시고　　　　　　**－창세기 3:15**

그러므로 주께서 친히 징조를 너희에게 주실 것이라 보라 처녀가 잉태하여 아들을 낳을 것이요 그의 이름을 임마누엘이라 하리라

－이사야 7:14

그들이 네 말을 들으리니 너는 그들의 장로들과 함께 애굽 왕에게 이르기를 히브리 사람의 하나님 여호와께서 우리에게 임하셨은즉 우리가 우리 하나님 여호와께 제사를 드리려 하오니 사흘길쯤 광야로 가도록 허락하소서 하라   **ー출애굽기 3:18**

오직 성령이 너희에게 임하시면 너희가 권능을 받고 예루살렘과 온 유대와 사마리아와 땅 끝까지 이르러 내 증인이 되리라 하시니라   **ー사도행전 1:8**

여자의 후손, 피의 언약, 임마누엘, 즉 하나님이 항상 함께하신다고 말씀하셨기 때문에 이 성취를 위해서 예수님이 오신 것입니다. 두 번째로 예수님은 이 언약을 확산하시기 위해 올인했습니다. 언약은 어떻게 확산됩니까?

시몬 베드로가 대답하여 이르되 주는 그리스도시오 살아계신 하나

님의 아들이시니이다 —마태복음 16:16

※※※※※

예수께서 나아와 말씀하여 이르시되 하늘과 땅의 모든 권세를 내게
주셨으니 그러므로 너희는 가서 모든 민족을 제자로 삼아 아버지와
아들과 성령의 이름으로 세례를 베풀고 내가 너희에게 분부한 모든
것을 가르쳐 지키게 하라 볼지어다 내가 세상 끝날까지 너희와 항상
함께 있으리라 하시니라 —마태복음 28:18-20

※※※※※

또 이르시되 너희는 온 천하에 다니며 만민에게 복음을 전파하라

—마가복음 16:15

※※※※※

그들이 조반 먹은 후에 예수께서 시몬 베드로에게 이르시되 요한의
아들 시몬아 네가 이 사람들보다 나를 더 사랑하느냐 하시니 이르
되 주님 그러하나이다 내가 주님을 사랑하는 줄 주님께서 아시나이
다 이르시되 내 어린 양을 먹이라 하시고 또 두 번째 이르시되 요한

의 아들 시몬아 네가 나를 사랑하느냐 하시니 이르되 주님 그러하나
이다 내가 주님을 사랑하는 줄 주님께서 아시나이다 이르시되 내 양
을 치라 하시고 세 번째 이르시되 요한의 아들 시몬아 네가 나를 사
랑하느냐 하시니 주께서 세 번째 네가 나를 사랑하느냐 하시므로 베
드로가 근심하여 이르되 주님 모든 것을 아시오매 내가 주님을 사랑
하는 줄을 주님께서 아시나이다 예수께서 이르시되 내 양을 먹이라
내가 진실로 진실로 네게 이르노니 네가 젊어서는 스스로 띠 띠고
원하는 곳으로 다녔거니와 늙어서는 네 팔을 벌리리니 남이 네게 띠
띠우고 원하지 아니하는 곳으로 데려가리라

-요한복음 21:15-18

이 모든 말씀은 무엇을 의미합니까? 바로 4천 말씀운동, 237개
나라의 복음화입니다. 이를 위해 교회가 존재합니다. 여러분은 이
것에 초점을 맞춰야 합니다. 하지만 우리의 모습은 어떠합니까? 항
상 건강 문제, 가족 문제, 직장 문제, 사업 문제에 허덕이며 살아갑
니다. 우리는 그것을 '종교'라고 부릅니다.

진정으로 하나님의 소원을 위해 사는 삶. 하나님의 나라를 위해,
그리스도의 마음을 품고 사는 삶. 우리에게 필요한 것은 바로 이것

입니다. 여기에 방향을 맞춘다면 나머지는 하나님이 알아서 다 하십니다. 우리가 가진 기도제목들이 모두 응답으로 오게 됩니다. 세상 욕심에 갇혀 살고, 세상 근심에 빠져 살고, 내 자리, 내 욕심만 생각하며 살 때에는 절대 누릴 수 없는 응답입니다. 우리가 그리스도의 마음을 품을 때에야 비로소 참 평안이 옵니다.

'내 것' '내 것' 하며 백날 기도해봐야 응답이 오지 않습니다. 언약적 비전을 붙잡는 삶으로 과감하게 바꿔보세요. 온종일 쏠리던 관심의 방향을 확 바꿔보세요.

언약적 비전 붙잡는 삶

(1) 나의 Covenant

커버넌트(Covenant)의 본질은 무엇입니까?

데오빌로여 내가 먼저 쓴 글에는 무릇 예수께서 행하시며 가르치시

기를 시작하심부터   **−사도행전 1:1**

그가 고난 받으신 후에 또한 그들에게 확실한 많은 증거로 친히 살

아 계심을 나타내사 사십 일 동안 그들에게 보이시며 하나님 나라의

일을 말씀하시니라 **−사도행전 1:3**

    이것이 전부입니다. 언약이 무엇입니까? 모든 문제 해결자이신 그리스도. 오직 하나님의 나라. 오직 성령 충만. '이것만 해라, 그러면 나머지는 다 알아서 해주겠다.' 하는 하나님의 말씀입니다. 그러나 우리는 평생을 거꾸로 살아갑니다. 대부분 성경과 반대되는 신앙생활을 하지요.

    그렇다면 이 복음을 어떻게 확산할 수 있습니까? 바로 사도행전 1장 8절을 평생 누리는 것입니다.

《《《《《《─

오직 성령이 너희에게 임하시면 너희가 권능을 받고 예루살렘과 온

유대와 사마리아와 땅 끝까지 이르러 내 증인이 되리라 하시니라

−사도행전 1:8

    "나보다 행복한 사람 있으면 나와 봐!" 하는 간증이 일어날 정도로 누리시길 바랍니다. "나는 행복자다!" 하고 오늘 100번 외쳐보세

요. 이것이 바로 올인의 삶, 하나님의 나라가 임하고 성령이 충만한 삶입니다. 저는 이 누림을 평생 하다 보니 세월이 어떻게 흘러가는지도 몰랐습니다. 많은 불신자들이 부러워합니다. "저렇게 신앙생활을 해야 하는데." 하면서 저를 봅니다. 제가 한 것은 단 한 가지입니다. 다 내려놓고 올인한 것! 양다리, 세 다리 걸친 사람은 절대 누릴 수 없는 행복입니다.

(2) 나의 비전

우리는 세 가지 영적 비전을 붙잡아야 합니다. 첫째, '남은 자'의 축복입니다. 하나님의 자녀가 되었음에도 우리가 받은 복음의 축복이 얼마나 엄청난 것인지 모르는 사람이 너무 많습니다. 그래서 영적으로 노예, 포로, 속국된 삶을 반복합니다. "내가 아니면 우리 가문은 복음화될 수 없다." "나를 통해 복음이 확산되어야 한다."는 정체성을 분명하게 회복하시기 바랍니다. 내 가문, 내 지역, 내 사업장, 이 나라, 전 세계에 복음을 전할 남은 자의 축복을 깨닫기를 바랍니다. 복음을 모르고 사는 종교인들, 복음이 무엇인지도 모른 채 구원받지 못하고 살아가는 불신자들, 영적 휴면상태에 빠진 사람들을 깨우기 위해 나를 '남은 자'로 부르셨습니다.

둘째, '남을 자'입니다. '남을 자'란 문화 개혁의 주역을 의미합니다. 사람들은 문화 속에 살아갑니다. 지금 우리의 문화는 어떻습니까? 재앙 시대, 영적 질병 시대, 흑암 문화의 시대를 살고 있습니다. 이 문화를 개혁시키는 주역, 그것이 바로 '남을 자'입니다. 매일 노름하고, 술 먹고, 방탕한 직장생활을 하는 현장 속에 들어가 개혁을 시키는 것이 바로 우리 '남을 자'의 사명입니다.

셋째, '남길 자'입니다. 바로 렘넌트 운동의 주역을 의미합니다. 렘넌트에게 바른 복음을 증거하는 것은 매우 중요한 우리의 사명입니다. 피의 언약, 미스바 운동, 도단성 운동, 파수꾼 운동, 회당 운동을 통해 렘넌트를 살려내야 합니다. 후대에게 언약을 전달하는 일, 그것이 바로 '남길 자'의 일입니다.

맺는 말

종교개혁자 마틴 루터가 이런 말을 했습니다.

"진실된 신자는 '왜'라는 질문을 하지 않는다. 진실된 신자는 '왜' 라는 질문을 십자가에 못 박고 의문 없이 순종하는 삶을 산다. '왜' 라고 절대 따지지 않는다. 하나님 앞에서 '왜'라는 의심을 갖는 순 간 사단 마귀의 밥이 된다. 사단이 시키는 대로 하게 된다."

우리는 종종 '왜'라는 질문을 많이 하는 사람을 보게 됩니다. 그 렇게 꼬치꼬치 따지는 사람들을 보면 굉장히 똑똑해 보이고, 유식 해 보이고, 남달라 보이기도 하지요. 하지만 이 '왜'라는 질문은 신 앙생활에 있어선 쥐약이 됩니다. 만약 여러분 중에도 이것이 체질이 된 사람이 있다면 이번 기회에 십자가에 못 박으시기 바랍니다. 어떻게 못 박습니까? 바로 '순종'으로 박는 것입니다.

저는 하나님이 치유하시고 사용하실 때, 몸 된 교회를 위해 쓰실 때 단 한 번도 '왜'라는 질문을 생각하지 못했습니다. 하나님은 순종하는 사람을 쓰십니다. 따라서 의심, 따지고 싶은 마음은 모두 십자가에 못 박아버리세요. 그렇게 오늘 이 순간부터 하나님의 말씀에 순종하시기 바랍니다. 그러면 우리의 기도도 바뀌게 됩니다. '왜 나는 이렇게 가난합니까?' '왜 나는 항상 하는 일마다 안 됩니까?' '왜 나는 이렇게 질병을 갖고 있습니까?' 하고 묻는 대신 '하나님이 내게 원하시는 것이 무엇입니까?' 하고 묻게 됩니다. 질문의 차원이 달라지지요.

저 역시 아들이 청각장애 진단을 받았을 때, 바로 그 순간부터 엎드렸습니다. 하나님 살아계십니까, 어떻게 이럴 수가 있습니까, 이런 질문을 하지 않았습니다. 대신 물었습니다. '하나님, 제게 원하시는 게 무엇입니까!' 그래서 저는 변화할 수 있었습니다. 하나님은 '너의 아이를 고쳐주겠다.'고 답하지 않으시고 '나아가 전도하라!'고 응답하셨습니다. 또한 '교회에, 맡겨진 직분에 헌신하라!'고 응답하셨습니다. 모태신앙인 저는 전도를 해본 적도 없었고, 교회에 헌신하는 체질도 아니었습니다. 하지만 하나님은 그런 저를 완전히 반대로 바꿔놓으셨습니다. 제 삶도 완전히 바뀌게 되었지요.

여러분. 이렇게 기도하세요. '하나님, 제게 무엇을 원하십니까? 순종하겠습니다. 당신이 시키는 대로 하겠습니다. 그러니 말씀하십시오.' 그러면 환경에 따라, 직분을 따라, 교회를 통해 하나님이 내게 주신 일에 대한 응답을 받게 되어 있습니다. 우리는 거기에 올인하면 됩니다.

이사야 40장 8절에서 "풀은 마르고 꽃은 시드나 나 여호와의 말씀은 영원히 서리라." 하고 말씀하셨습니다. 세상 것은 모두 없어지지만 단 하나, 우리가 가진 하나님의 말씀만이 남는다는 것입니다. 말씀은 절대 진리입니다. 그리고 우리는 그 절대 진리 앞에서는 이유 없이 순종해야 합니다.

'우리 교회가 왜 이럴까.' '우리 기관은 왜 이럴까.' '우리 가정은 왜 이럴까.' 이런 질문을 한다면 이미 사단에게 잡힌 것입니다. 결코 성경적 사람이라 할 수 없을 것입니다. 하나님이 원하시는 것은 수준이 다른, 차원이 다른 기도입니다. '왜'가 아닌 '절대 순종'의 마음을 가지고 '하나님이 원하시는 것이 무엇인지'를 구하는 기도를 한다면, 하나님은 반드시 답을 주실 것입니다.

2강

절대 헌신

들어가는 말

여러분은 하나님의 말씀을 얼마나 자신의 영혼 속에 새기고 있습니까?

초등학교 4학년 성탄절에 암송했던 성경구절을 저는 아직도 기억합니다. 기도할 때면 그렇게 암송한 성경구절이 저절로 나오곤 합니다. 주일 설교 메시지에 나온 중요한 말씀이나 단어들은 꼭 암기해두세요. 그러면 기도 속에 그 단어와 말씀이 나오게 되고, 하나님이 그 언약 기도를 들으십니다. 우리의 야망과 욕심, 감정, 기분 따라 기도하는 분들이 참 많습니다. 하지만 하나님은 이미 우리의 형편을 모두 알고 계십니다. 그러니 뻔한 내용을 두고 기도할 것이 아니라 하나님이 우리에게 주신 언약을 붙들고 기도해야 합니다.

교회에 다닌다고 하면서도 말씀이 삶에 적용되지 않는 사람은 예수 그리스도가 없는 사람이나 마찬가지입니다. 삶 속에 그리스도가 없다는 뜻이기 때문입니다. 영혼에 말씀이 새겨지는 사람은 어디서 무슨 일을 하든 그리스도의 향기가 납니다. 하지만 그렇지 못한 사람을 보며 우리는 이야기하곤 하죠. "저 사람, 예수님 믿는 사람 맞아?" "장로라면서, 권사라면서 어떻게 저럴 수가 있지?"

직분을 받았지만 내면에 말씀이 하나도 없다면 그는 곧 그리스도가 없는 사람과 같습니다. 자신의 생각 따라 기분 따라 행동합니다. 하지만 말씀이 있는 사람은 다릅니다. 이들은 갈등하고, 낙심하고, 시험 들고, 기분 따라 감정 따라 오락가락하지 않습니다. 그래서 말씀으로 잘 무장되어 있어야 합니다. 영적으로 무장해서 우리 삶 속에 창세기 3장의 찌꺼기가 하나씩 떨어져나가는 체험을 꼭 해보시기 바랍니다.

그리스도를 위해 헌신하는 삶은 아무나 하는 것이 아닙니다. 하지만 구원받은 하나님의 자녀에게는 필연적인 것입니다. '절대' 헌신! 무조건 해야 한다는 뜻입니다. 자랑할 것도 없고, 으스댈 것도 없고, 뽐낼 것도 없습니다. '구원받았으니 절대 헌신은 당연한 것이다!' 이것이 삶이 되어야 합니다.

C.T. 스터드(Charles Thomas Studd)라는 사람이 있습니다. 캠브리지 대학에서 대학생 7명이 '세계복음화를 하자'며 복음운동을 시작했습니다. 영국에 기독교의 불이 꺼져갈 때 다시 복음운동을 일으킨 사람들인데, 이중 한 사람이 바로 스터드입니다. 스터드는 중국과 인도에 선교사로 파송되어 복음을 증거한 사람으로 유명합니다. 지금도 중국과 인도는 환경이 낙후되고 척박한데 그때는 말할 것도 없지요. 캠브리지 최고 엘리트인 스터드는 그런 곳에 가 복음을 전했습니다. 7명의 엘리트 모두 전 세계로 흩어져 복음을 전했지요.

생의 마지막에 스터드는 "아프리카로 가서 복음을 전하겠다."고 말했습니다. 그러자 사람들은 "그만하면 되지 않았느냐. 평생 중국과 인도라는 어려운 땅에서 생을 걸고 복음을 전했는데 그만하면 됐다."고 말했습니다. 그러자 스터드가 답했습니다.

"예수 그리스도가 하나님의 아들이고 나를 구원했다면, 이 생을 못 드릴 이유가 있습니까?"

여러분. 이것이 바로 헌신입니다. 나의 한 생명을 하나님께 드리는 것이 무엇이 아까운가. 조금도 내 희생은 지나치지 않다, 스터드는 이렇게 고백했습니다.

예수 그리스도께서는 이미 우리에게 절대 헌신의 삶을 보여주셨습니다. 이번 시간을 통해 그리스도께서 보여주신 절대 헌신의 마음을 품는 여러분이 되길 바랍니다.

예수 그리스도의 올아웃(All Out)

(1) 십자가의 죽음

지난 시간에는 예수 그리스도의 올인에 대해 이야기했는데 이 번에는 올아웃에 대해 이야기하려고 합니다. '십자가에 죽으심' 이 것이 바로 예수 그리스도의 올아웃을 의미합니다. 빌립보서 2장 8 절에서 말씀합니다.

사람의 모양으로 나타나사 자기를 낮추시고 죽기까지 복종하셨으니
곧 십자가에 죽으심이라   −빌립보서 2:8

예수님의 생애 최고의 절정은 무엇입니까? 바로 십자가입니다. 지구상 최고의 절정이 바로 예수 그리스도의 십자가의 복종입니다. '갈보리 고난과 죽음'. 예수님은 말로만 하신 게 아니라 실제로 이를 실행하였습니다. '올아웃(All out)'은 문자적으로 '총력을 기울인다' '전력투구한다'라는 의미를 갖습니다. 사도바울의 올아웃은 빌립보서 3장 7절~14절에 나와 있습니다. 한 단어로 하면 '오직'입니다. 바울의 신앙생활의 영적 자세는 바로 '오직'이었던 것입니다. '믿음의 전력질주' 이것이 바로 신앙의 자세입니다. 그때야 비로소 응답이 옵니다.

제대로 신앙생활을 하는 사람은 하고 싶은 말이 많습니다. 예수님을 믿고 나서 '아, 하나님이 살아계시는구나!' 하고 체험을 하게 되기 때문입니다. 점점 하고 싶은 말이 많아집니다. 바울이 그랬습니다. 바울은 부활하신 예수 그리스도를 만난 후 할 말이 많아졌습니다. 그리스도를 믿고 나타낼 것이 많아진 바울은 어딜 가나 담대하게 자신이 깨달은 복음을 전파했습니다.

여러분도 이번에 제대로 결단하고 믿어보세요. 무식했던 베드로가 사도가 되었고, 요한과 야고보도 어부 출신이었지만 올아웃하고 믿음의 전력질주를 하니 모두 제자가 되었습니다. '오직'이 되니 이루어진 것입니다. 세상에서도 성공한 사람들의 특징을 보면 모두 '오직'이라는 습성을 가졌다는 걸 알 수 있습니다. 한마디로 한 곳에 미친 사람들입니다. 미쳐야 승부가 납니다. 한 분야에 미쳐야 전문가가 될 수 있고 그래도 될까 말까 할 만큼 어렵지요. 그러니 미치지 않고서야 어떻게 성공이 가능하겠습니까. 만날 심부름이나 하고 늘 인생을 어둡게 살 수밖에요.

예수님은 말씀하셨습니다. "다 이루었다!" 예수님이 인류를 구원하기 위해 이 땅에 오셔서 하신 마지막 말씀이 바로 이것입니다. "다 이루었다(It is finished, 테텔레스타이)."

(2) 현장 변화

예수님이 십자가에 죽고 난 후 세상은 변화가 일어났습니다. 세상 현장은 올인하신 그리스도를 통해 하나님을 만나는 길이 열리게 됩니다.

예수께서 이르시되 내가 곧 길이요 진리요 생명이니 나로 말미암지 예수님이 '모두 이루었다'고 말씀하신 축복이 우리 인간에게 옮겨왔습니다. 인간이 어떻게 감히 하나님을 만날 수 있겠습니까? 대통령 한 번 만나기도 힘든데 말이죠. 하지만 십자가 보혈을 통해 올아웃하신 예수님은 그 길을 열어놓으셨습니다. 그래서 우리는 그리스도를 통해 하나님을 만날 수 있습니다. 그분이 길을 열었기 때문입니다.

바로 어제까지 불신자로 살았다 해도 오늘 예수님을 영접하고 하나님을 아버지로 부른다면 우리는 응답받을 수 있습니다. 어제까지 무속인으로서 귀신 심부름을 하던 사람도 전도사를 통해 예수님을 영접하고 '아버지 하나님'이라고 고백하는 모습을 수없이 보았습니다. 예수님을 영접했기에 하나님을 만나는 길이 열린 것입니다. 그리고 하나님의 자녀가 된 우리의 기도를 들어주십니다. 이 얼마나 놀라운 일입니까?

그러므로 이제 그리스도 예수 안에 있는 자에게는 결코 정죄함이 없

나니 이는 그리스도 예수 안에 있는 생명의 성령의 법이 죄와 사망

의 법에서 너를 해방하였음이라   **로마서 8:1-2**

세상 사람들이 어둡게 사는 이유가 무엇입니까? 늘 불안해하며 사는 이유가 무엇입니까? 바로 '죄' 때문입니다. 하지만 예수님을 믿는 사람은 표정이 다릅니다. 삶이 다릅니다. 묶여 있는 자와 해방된 자의 모습은 다릅니다.

귀신에 잡힌 무당의 얼굴을 본 적 있습니까? 얼마나 시달렸는지 얼굴에 근심이 가득하고 비루한 모습입니다. 사단에 잡혀 있는 자의 특징입니다. 그렇게 잡힌 자에게 가서 사람들은 '답을 달라'고 합니다. 국회의원이, 재벌이, 학자가, 심지어 목사가 가서 답을 달라고 매달립니다.

죄를 짓는 자는 마귀에게 속하나니 마귀는 처음부터 범죄함이라 하

나님의 아들이 나타나신 것은 마귀의 일을 멸하려 하심이라

                                                    -요한일서 3:8

예수님은 우리를 마귀의 권세에서 해방시켜주셨습니다. 하나님을 만났고, 죄 문제가 해결되었고, 마귀를 이길 수 있는 권세를 주셨으니 우리의 삶은 끝난 겁니다. 하나님의 아들이 오신 것은 마귀의 일을 멸하려 하심이라 하였습니다. 우리가 예수 그리스도의 이름을 부를 때 마귀는 도망갑니다. 마귀가 있습니까? 귀신이 있습니까? 없습니까? 있습니다. 창세기 3장 세상에서 왕은 마귀입니다. 정치, 경제, 사회, 문화, 예술을 꽉 잡고 있습니다. 세상은 모두 마귀가 장악하고 있습니다. 이 세상의 왕이기 때문에 그렇습니다.

예수 그리스도는 만왕의 왕입니다. 힘들고 어려울 때 누구의 이름을 부릅니까? '환난 날에 나를 부르라 내가 너를 건지리니 네가 나를 영화롭게 하리로다' 하시지 않았습니까.

어려움을 당했다면 고민하지 말고, 점쟁이 찾아가지 말고, '내 이름을 부르라'고 하셨습니다. 개인기도실에 들어가 하나님을 불러보세요. 답답하고 어렵다면 "주여, 아버지!" 하고 3일만 불러보세요. 어떤 일이 생기는지 체험해보시기 바랍니다.

저는 이 교회를 개척하면서 항상 목이 쉬어 있었습니다. 날마다 하나님을 부르짖었기 때문입니다. 여러분, 어려움을 당했습니까? '너는 내게 부르짖으라' 하신 것처럼 때로는 부르짖고, '여호와는 나의 목자시니 내게 부족함이 없으리로다' 하신 것처럼 때론 묵상할 때도 있습니다. 답답하고 힘이 든다면 기도굴에 들어가 마구 부르짖으세요. '네가 알지 못하는 크고 비밀한 일'을 기도하는 사람에게는 보여주십니다.

여러분, 신앙생활을 미지근하게 하지 마세요. 올인하는 체질로 신앙생활을 하면 '절대 제자의 삶'을 살게 됩니다. 여러분이 영적으로 맡겨준 기관에 영적 지각을 일으킬 수 있는 절대 제자가 되시기 바랍니다. 있는지 없는지도 모르는 사람이 되어서야 되겠습니까? 각 기관의 전도사님이 "그 사람은 정말 감격스럽습니다. 나의 동역자입니다." 하는 정도는 되어야 하지 않겠습니까? 예수님이 뭐라고 말씀하셨습니까? '미지근하면 토해내 버리겠다' 하셨습니다. 얼마나 극단적인 표현입니까?

내 인생의 올아웃

(1) 나의 DI

여기서 DI란 드림(Dream)과 이미지(Image)를 의미합니다. 이 둘은 함께간다는 특성이 있습니다. 우리는 막연한 꿈이 아닌 언약적 비전을 붙잡고 기도해야 합니다. 하나님의 언약적 비전이 나의 꿈으로 향해야 합니다. 그래서 나의 달란트, 나의 기능, 나의 업, 전문성의 이유를 그 속에서 깨달아야 합니다.

지난 시간에도 얘기했지만 믿는 자에게는 하나님과 나만이 아는 이면계약이 있어야 합니다. '내가 하나님 앞에 이렇게 이루어드리기 원하오니 하나님 이 일을 이루어 주옵소서.' 하나님과 나 둘만

아는 은밀함, 하나님과 나와의 은밀한 데이트, 은밀한 약속, 이것을 가지고 있어야 합니다.

성령인도 받는 본론 인생을 사는 사람들의 특징입니다. 서론 인생을 사는 사람들은 이 비밀을 결코 알 수 없습니다. 불신자들은 물론입니다. 눈에 보이는 걸로 사는 종교인들도 알 수 없습니다. 하나님과의 이면계약이 있는 사람들만 본론 인생을 살 수 있습니다.

예원교회 성도들의 커버넌트(Covenant)는 바로 4천 말씀운동과 237개국 나라의 복음화입니다. 이것이 우리의 약속이며 비전입니다. 매일 하루도 안 빠지고 정시기도할 때 입에 달고 있어야 합니다. 꿈에서 잠꼬대할 정도가 되어야 합니다.

또한 우리의 드림 이미지는 바로 본당 헌당입니다. 이 예배는 전 세계 몇십만 명이 보고, 듣고 있습니다. 하나님이 얼마나 귀하게 쓰시는 현장입니까. 본당 헌당에 임하는 여러분의 영적 자세가 중요합니다. 이것은 시대적인 천명입니다. 하나님께서 내게 주신 천명으로 받으시기 바랍니다. 여러분이 이것을 생생한 꿈으로 꾼다면 현장화될 것입니다.

(2) 나의 Practice

'내가 무엇을 실천할 것인가' 이것을 생각해봅니다. 그 답은 바로 '예수 그리스도의 올아웃'입니다. 행함이 없는 믿음은 죽은 믿음입니다. 말은 잘하는데 행동이 없는 것은 가짜입니다.

내게 주신 현재의 상황 속에서 절대 헌신함으로써 인생의 작품을 하나님 앞에 남기는 것입니다. 우리가 세상 떠날 때 하나님 앞에서 무엇을 했는가, 하나님 앞에 얼마나 헌신했는가, 남을 것은 그것밖에 없습니다. 그래서 '올아웃의 결단'이 필요합니다. 올아웃할 때 내 산업 현장에 완전히 살아 있는 증거를 보게 됩니다. 즉, 하나님의 스케일을 체험하게 된다는 뜻입니다. 내 사업을 내 스케일로 하기 때문에 현재에 머물 수밖에 없습니다. 이제부터는 내 스케일이 아닌 '절대 헌신'을 통한 하나님의 스케일로 바꿔보시기 바랍니다. 하나님의 말씀을 따라 가면 하나님 스케일이 되는 것입니다.

우리는 계속 237나라에 대해 이야기합니다. 그런데 진정으로 여러분 가슴에 이 말이 와 닿습니까? 눈만 뜨면 오늘 세 끼는 무엇을 먹을까, 돈이 없어 어떡하지, 이런 서론 인생을 살면서 본론인 237

나라가 들어오겠습니까? 나 자신의 복음화도 안 되어 있는데 어떻게 237개국의 나라를 살릴 수 있겠습니까.

이번 말씀을 통해 과감하게 올아웃 해보시기 바랍니다. 내 스케일로 살아와서 남은 게 무엇입니까? 아니라고 생각이 든다면 빨리 바꿔야 하지 않겠습니까? 이제는 내 생각, 내 계획을 모두 내려놓고 하나님의 스케일로 나가보세요.

사도행전 2장 9~11절에 보면 사람들이 마가다락방에 모입니다. 그리고 43~46절에 보면 15개의 나라로 흩어집니다. 그리고 237나라의 초석이 됩니다. 우연히 왔다 성령을 체험하고는 모였던 사람들이 쫙 흩어집니다. 그리고 무엇을 합니까? 예수 그리스도의 부활을 믿고 헌신을 시작합니다. 이들의 경제가 세계 복음화하는 데, 237나라를 살리는 데 쓰임을 받은 것입니다.

이들이 없이 어떻게 초대교회가 부흥되었겠습니까? 어떻게 운영이 되었겠습니까? 이들이 낸 헌금은 빛의 경제가 되었다고 했습니다. '그리스도를 전하는 돈'이라 하였습니다. 복음을 전하는 돈으로, 경제로, 썩을 것을 썩지 않을 것으로, 일시적인 것을 영원한 것으로 바꾸었습니다. 땅의 것을 하늘의 것으로 바꿀 수 있는 유일한 길이 무엇입니까? 헌신! 그것밖엔 없습니다.

우리는 얼마나 엄청난 특권을 받았는지 모릅니다. 우리는 세상 사람들이 다 가진 것으로 영원한 것을 바꿀 수 있는 특권을 가졌습니다. 하나님 앞에 드려지는 것은 결코 아까운 것이 아닙니다. 드리는 순간 하나님은 빛의 경제로 바꾸어주십니다.

〰〰〰〰

나와 온 교회를 돌보아 주는 가이오도 너희에게 문안하고 이 성의 재무관 에라스도와 형제 구아도도 너희에게 문안하느니라

-로마서 16:23

성경에 보면 '가이오'라는 인물이 나옵니다. 그는 모든 전도자의 식주인으로 2,000년 동안 이야기되어옵니다. 여러분은 어떻습니까? 헌신하는 기관에 헌신하려는 마음이 있습니까? '마음'을 가지는 것. 거기에 바로 축복이 있습니다. 아무런 생각도, 관심도 없지는 않습니까? 늘 얻어먹고 있지는 않습니까? 오히려 세상 사람들은 그렇게 하지 않습니다. 한 번 얻어먹으면 한 번은 사려고 합니다. 교회 사람들 중에 그렇지 않은 사람이 더욱 많습니다. 열 번을 사도 그냥 얻어먹으려고만 합니다. 세상 사람들이라면 그런 사람을 상대도 하

지 않겠지요.

가이오는 전 세계 전도자의 식주인이었습니다. 밥만 샀겠습니까? 필요하면 용돈도 내어주고, 선교비도 드리고, 옷도 사주었겠지요. 전도자는 수입이 없습니다. 그러니 도와주고 섬겼던 것입니다. 여러분, 지역 교역자들을 잘 섬기시기 바랍니다. 대교구장들을 잘 섬기세요. 주의 종들을 잘 섬겨보세요. 생을 드려 주를 위해 헌신하는 사람들입니다.

"주님, 제가 가이오 장로가 되게 하여 주옵소서."

"주님 다시 오실 그날까지 절대 헌신의 모델 되게 하여 주옵소서."

이렇게 기도하시기 바랍니다. 목사도 교역자도 사람이기에 누군가 따뜻하게 밥 한 끼를 대접하면 그 마음을 잊을 수 없는 법입니다. 그래서 그들을 위해 기도하게 됩니다. 여러분, 교역자야말로 여러분을 위해 가장 많은 기도를 할 수 있는 사람입니다. 그들이 우리를 위해 기도할 수 있도록 욕심을 내어보세요.

과거 수영로 교회를 섬길 때, 당시 목사님 댁에 가서 식사를 할 사람은 전 교인 중 저밖에 없었습니다. 저는 영적으로 무척이나 목사님을 섬겼는데, 목사님이 이런 저를 너무나 아끼고 사랑했기에 목사님 댁에서 식사를 할 정도였지요. 여러분, 이런 욕심을 좀 내어 보세요. 이런 사랑을 받고 싶다는 생각을 가져보세요. 그것은 바로 '절대 헌신'을 통해 되는 것입니다. '나는 이제부터 영적으로 가이오가 되겠다.'고 마음먹으세요.

맺는 말

미국에서 가장 빠르게 성장하고 있는 패스트푸드가 있습니다. 바로 '칙필레(Chick-fil-A)'라는 체인점입니다. 치킨 전문점인 이 가게는 경이적인 매출 신장을 보이며 미국 전역에서 열풍을 일으키고 있습니다. 미국 최고의 패스트푸드였던 KFC를 능가했어요. 모두 칙필레를 보며 "신화다!"라고 말하죠.

이 기업의 특징은 '주일날은 쉽니다(Closed Sunday)'입니다. 아예 간판에다 적어버렸습니다. 보통 치킨 사업은 주일에 매출이 20퍼센트가 증가한다고 합니다. 그런데 과감하게 주일에 문을 닫기로 한 것이지요.

이 기업의 사장 이름은 '트루엣 캐시'. 그에게 물었어요. "이 사업을 하며 가장 의미 있는 게 무엇인가요?" 그러자 그는 대답했습니다. "직원들이 주일에 예배드릴 수 있도록 하는 것입니다. 직원들이 주일에 예배를 드리며 가족과 함께 쉬는 것이 내 사업의 최고 자랑입니다. 많은 사람들이 주일에 쉬지 않고 일합니다. 하지만 우리는 주일에 쉬는데도 그런 기업들보다 훨씬 더 많은 축복을 하나님이 주셨습니다."

하나님이 하시면 뭘 못하겠습니까? 초 이성적 기적을 일으키는 분이 바로 하나님이십니다. 하나님이 하시는 일은 인간의 머리로 이해할 수 없습니다. 물고기 두 마리, 떡 다섯 개로 5,000명을 먹이셨습니다. 이해할 수 있습니까?

하나님 앞에 시간뿐 아니라 물질까지 드릴 때 이런 기적이 일어납니다. 불평, 불만하지 말고 좋은 성품, 좋은 믿음으로 기다려보세요. '언제 응답오지?' 하고 못 기다려 불평, 원망, 불신앙하면 모든 것은 무효가 됩니다. 동기가 틀렸단 겁니다. 자신의 생각, 욕심으로 차 있기 때문입니다.

여러분, 저는 날마다 여러분을 위해 기도합니다. 하나님, 본당을 위해 헌신한 분들을 백배로 축복해 주소서. 삐뚤어진 사람은 이 기도의 응답을 받을 수 없습니다. 교회에 와서 물의를 일으키고, 불신 앙하고, 교회에서 하나님에게 도움이 안 되는 사람은 다 드려놓고 도 실패하는 모습을 보게 됩니다. 저는 참 많이 보았습니다. 평생을 드리고도 잘 안 되는 사람들을 말입니다. 그런 사람들은 항상 부정 적이고 불신앙합니다. 은혜 받고 성장해야 하는데 그게 잘 안 됩니 다. 처음 마음, 착한 마음, 어린아이 같은 마음을 가져야 받을 수 있 습니다. 다 드리고 망하면 이보다 억울한 일이 어디 있습니까?

여러분, 마음의 밭을 옥토밭으로 잘 가꾸기실 바랍니다. 언제, 어 디서든 피스메이커가 되세요. 하나님 나라는 '드림의 법칙'으로 되 어 있습니다. 우리가 이 땅에 살면서 할 것은 이것밖에 없습니다. 우리는 이미 구원받았고, 모든 삶의 문제가 해결되었습니다. 따라 서 이제는 '절대 헌신'의 삶을 통해 하나님 나라를 확장하는 주역들 이 되시기 바랍니다.

지난 시간에 이야기했습니다. 말씀이 떨어지면 '즉시' 실행하라 고요. 마음의 결단을 즉시 하시기 바랍니다. 결단했다면 주저하지 마세요. 그러면 절대 응답을 못 받습니다. 예수 그리스도의 마음은 올인, 올아웃입니다. '절대 헌신'입니다. 우리의 모델은 다른 누구도 아닌 '예수 그리스도'입니다. 내게도 예수 그리스도의 마음을 달라, 그의 삶을 닮게 해달라 기도하시기 바랍니다.

3강

절대 행복

들어가는 말

　미국에서는 혼자 골프를 칠 수가 있습니다. 한번은 은퇴한 어느 장로님이 혼자 골프를 치다 난생 처음으로 홀인원을 했어요. 그런데 혼자 치다 홀인원을 했으니 아무도 본 사람이 없었습니다. 축하해줄 사람도 아무도 없고, 본 사람도 없어 참 쓸쓸했어요. 너무 기뻐 죽겠는데 아무도 축하해줄 사람이 없으니까, 혼자 터덜터덜 걸어오다 잔디 깎는 아저씨에게 말했습니다. "아저씨, 저 오늘 홀인원했어요." 그러니 아저씨가 "아, 그래요. 축하합니다." 하고 대답했습니다. 그렇게 말을 해주는데도 어쩐지 하나도 기쁘지가 않았습니다.

신앙생활도 마찬가지입니다. 혼자 하면 재미가 없어요. 영적 기쁨도 함께 누려야 기쁨이 배가 되는 법입니다. 신앙생활은 '내가'가 아니라 '우리가'가 되어야 합니다. 불교는 혼자 도를 닦아야 하고, 천주교도 혼자 수도를 해야 하지만 기독교는 안 그렇습니다. 기독교만 유일하게 '함께'하는 신앙이지요. 함께 나누는 것에서 충만함을 맛보아야 합니다. 가장 중요한 것은 '그리스도와 함께'하는 것입니다. 그리고 '성도와 함께'하는 것입니다. "나는 다 싫고, 그냥 하나님과 1:1만 중요해." 하는 사람은 영적 문제가 있는 사람입니다. 상처를 많이 받아서 성도들도 다 싫고 하나님과 나와의 관계만 유지하겠다고 하면서 예배도 안 나오고 인터넷 보며 예배드리는 사람도 있습니다. 점점 더 그런 시대가 되어가겠지요.

그러나 기독교는 그런 신앙이 아닙니다. 포럼도 함께, 간증도 함께, 응답도 함께입니다. 이렇게 함께 나누는 사람을 하나님이 사용하십니다. 물론 기도는 혼자 할 때도 많이 있습니다. 하지만 신앙생활은 함께해야 합니다.

이제 마지막 시간입니다. 첫 번째 시간에 우리는 '절대 순종'에 대해 이야기했습니다. 신앙생활을 하면서 언제나 순종의 자세를 가지세요. 항상 뭔가 삐딱한 생각으로 다르게 행동하면 되는 것 같아도 되지 않습니다. 그런 사람은 응답을 받지 못합니다. 하나님 말씀에 늘 순종하는 자세를 가지세요. 진정한 순종이란 순종할 수 없는 상황에 순종하는 것입니다. 뻔한 것, 다할 수 있는 것에는 결코 '순종'이라는 말을 쓰지 않습니다. 도저히 이해할 수 없는데 해야 하는 것. 그게 성경이 말하는 순종입니다. 그래서 순종이 제사보다 낫다고 하는 겁니다. 구약시대 때는 제사가 최고였습니다. 하지만 하나님이 보시기엔 순종이 제사보다 낫다는 것입니다. 말씀에 순종하세요.

두 번째 시간에는 '절대 헌신'에 대해 이야기했습니다. 순종한 사람들의 특징이 바로 헌신입니다. 순종하지 않는 사람들은 헌신하지 않습니다. 이런 사람들에게 찾아오는 것이 바로 행복입니다. 말씀에 순종하는 사람은 행복하게 살게 되어 있습니다. 어떤 사람은 이야기합니다. '왜 나는 행복하다는 단어 자체도 어색한 걸까?' '나는 한 번도 행복하다고 느낀 적이 없는데.' 이런 사람은 말씀에 순종하지 않는 그 시작부터 틀린 것입니다. 하나님 말씀에 순종하는 사람은 이상하리만큼 행복합니다. 가정도, 일도 행복합니다. 남편도 아내도 서로에게 순종할 때 행복할 수 있습니다.

여호와의 말씀이니라 너희를 향한 나의 생각을 내가 아나니 평안이
요 재앙이 아니니라 너희에게 미래와 희망을 주는 것이니라

―예레미야 29:11

'여호와의 말씀'이라 했습니다. 하나님은 우리에게 실패가 아닌
희망과 미래를 준다고 했습니다. 그러니 하나님 말씀에 순종하라는
거지요.

하나님의 계획, 하나님의 의도, 하나님의 섭리는 말씀 속에 다
들어 있습니다. 말씀 속에 다 있는데 말씀을 떠난 삶을 사니 행복하
지 않을 수밖에요. 평안이 어디 있습니까? 미래가 어디 있습니까?
모두 말씀 속에 있습니다. 희망, 참 행복, 이 모든 게 말씀 속에 있습
니다.

우리가 알거니와 하나님을 사랑하는 자 곧 그의 뜻대로 부르심을 입
은 자들에게는 모든 것이 합력하여 선을 이루느니라   ―로마서 8:28

당장은 눈에 보이는 것 없어도 귀에 들리는 것 없어도 결국은 하나님이 합력해서 선을 이룬다고 했습니다. 내가 하나님을 사랑하고, 하나님 안에 있고, 하나님 말씀에 순종하면 결국 선을 이룬다. 모든 것이 다 들어 있는 말씀입니다.

올체인지(All Change)하신 하나님

(1) 예수 그리스도의 낮아지심

하나님은 어떤 분이십니까? 하나님이 예수 그리스도를 어떻게 사용하셨는지를 잘 보시기 바랍니다. 하나님은 예수 그리스도를 낮추셨습니다. 어떻게 낮추셨습니까?

그는 근본 하나님의 본체시나 하나님과 동등됨을 취할 것으로 여기지 아니하시고
오히려 자기를 비워 종의 형체를 가지사 사람들과 같이 되셨고

사람의 모양으로 나타나사 자기를 낮추시고 죽기까지 복종하셨으니

곧 십자가에 죽으심이라　　　　　　　　　**–빌립보서 2:6–8**

하나님은 예수님이 자기를 비워 십자가에 죽기까지 낮추셨습니다. 실제로 죽었어요. 이를 뭐라고 합니까? '절대 순종' '절대 헌신'이라고 합니다. 돈 몇 푼을 내놓고 한 번 말을 들어줬다는 게 아닙니다. 죽기까지 내어놓는 것, 이것이 순종과 헌신이에요. 이런 예수 그리스도를 본받아 살아야 합니다.

이런 성경구절이 우리 안에 있으면 많은 순간에 말씀이 나오게 됩니다. 화가 날 때, 분노 조절이 되지 않을 때, 이성을 잃을 정도로 흥분이 될 때가 있습니다. 저도 아주 젊을 땐 그럴 때가 있었죠. 하지만 은혜를 받고 현장에 가서 복음을 증거하니 바뀌기 시작했습니다. 말씀이 내 안에 있고 그것에 순종하기 시작할 때, 하나님은 저를 쓰셨습니다. 그때 저는 느꼈습니다. '아, 하나님이 이렇게 모든 것을 합력하여 선을 이루시는구나.'

자, 이번 말씀을 다시 한 번 암송해보시기 바랍니다.

너희 안에 이 마음을 품으라 곧 그리스도 예수의 마음이니

그는 근본 하나님의 본체시나 하나님과 동등됨을 취할 것으로 여기지 아니하시고

오히려 자기를 비워 종의 형체를 가지사 사람들과 같이 되셨고

사람의 모양으로 나타나사 자기를 낮추시고 죽기까지 복종하셨으니 곧 십자가에 죽으심이라

이러므로 하나님이 그를 지극히 높여 모든 이름 위에 뛰어난 이름을 주사

하늘에 있는 자들과 땅에 있는 자들과 땅 아래에 있는 자들로 모든 무릎을 예수의 이름에 꿇게 하시고

모든 입으로 예수 그리스도를 주라 시인하여 하나님 아버지께 영광을 돌리게 하셨느니라

-빌립보서 2:5-11

이 말씀을 계속해서 묵상하시기 바랍니다. 그러면 어느 순간 이런 말씀들이 생활 속에서 나오게 됩니다. 예수 그리스도는 죽기까지 헌신했습니다. 내가 하나님 앞에 어떤 삶을 살아야 하는지 묵상

해보시기 바랍니다.

〰〰〰〰

이러므로 하나님이 그를 지극히 높여 모든 이름 위에 뛰어난 이름을
주사 하늘에 있는 자들과 땅에 있는 자들과 땅 아래에 있는 자들로
모든 무릎을 예수의 이름에 꿇게 하시고 모든 입으로 예수 그리스도
를 주라 시인하여 하나님 아버지께 영광을 돌리게 하셨느니라

−빌립보서 2:9−11

하나님이 그를 얼마나 높였습니까? 예수 그리스도의 이름을 부
르지 않으면 구원을 못 받을 정도로 지극히 높였습니다. 하나님께
서는 여러분에게 반전의 축복을 주십니다. 시작은 미약하고 무능했
지만 예수 그리스도 안에 들어오니 완전히 반전이 일어났습니다.
불신자들이 우리를 보며 이야기합니다. "예수 믿더니 저 사람 달라
졌네." 시몬이 베드로로 변화되는 기적이 일어납니다.

'No cross, No crown.' 하나님은 낮아지는 사람을 높여주십니
다. 내가 낮아져야 하나님의 영광이 나타납니다. 하지만 이 낮아지
는 건 결코 쉽지 않습니다.

사도신경에는 하나님이 예수 그리스도를 높인 것을 세 가지로 정리한 게 나옵니다.

1. 죽은 자 가운데서 살리신 것 – 부활
2. 하늘에 올리신 것 – 승천
3. 하나님 우편에 앉게 하신 것 – 보좌의 축복

절대 순종, 절대 헌신의 삶을 사는 사람은 결국 절대 행복의 삶을 살게 됩니다.

《《《《《

이스라엘이여 너는 행복한 사람이로다 여호와의 구원을 너 같이 얻은 백성이 누구냐 그는 너를 돕는 방패시요 네 영광의 칼이시로다 네 대적이 네게 복종하리니 네가 그들의 높은 곳을 밟으리로다

–신명기 33:29

모세가 이스라엘 백성들을 향해서 유언을 남깁니다. 하나님의 말씀에 순종하며 사는 사람은 본인뿐 아니라 다른 사람이 봐도 참

행복해 보입니다. 이것이 바로 참 신자의 모습이며, 하나님 자녀의 특권을 누리는 것입니다. '저 사람 어쩐지 피곤해 보인다.' '참 불행해 보인다.' 이런 모습은 하나님 자녀의 특권을 누리지 못하는 것입니다. 말씀에 순종한 사람들은 하나님이 이렇게 높이시며, 행복한 자로 만드십니다. 오늘 이 순간부터 여러분 모두 행복한 사람이 되시기 바랍니다.

'아이, 재수 없어.' '하는 것마다 왜 이래.' 이런 말은 내 입에서 내지 마세요. 저는 은혜 받고 난 후 한 번도 그런 말을 입에 담은 적이 없습니다. 아무리 잘 안 되고 안 풀려도 '하나님이 합력하여 선을 이루실 거야.' '결국은 축복으로 바꾸어주실 거야.' 하고 말했습니다. 부정적인 말을 하지 않으려고 의식적으로 애썼습니다. 어디서든, 무얼 하든 그랬습니다.

부정적인 말이 내 입에서 나오는 순간 사단의 심부름을 하게 됩니다. 은혜 받은 사람, 성령의 사람은 의식적으로 부정적인 말을 하지 않으려고 애써야 합니다. 왜 그렇습니까? 우리 삶은 우리 능력으로 사는 게 아니기 때문입니다. 영적 대진표를 바꾸세요. 어떤 사건과 문제가 오든 내가 해결하려 하지 마세요. 내가 전능자입니까? 세상에는 진리가 없습니다. 성경 외에는 진리가 없어요. 진리는 오직 그리스도입니다. 그리스도 외에는 진리가 없습니다. 오늘은 맞지만 내일은 틀리고, 오늘은 틀렸지만 내일은 맞을 수도 있습니다. 내가 싸우려고, 내가 해결하려고 하지 말고 싸움의 대상을 바꾸고 영적 싸움을 하세요. '너는 칼과 창과 단창으로 네 덩치로 오지만 나는 네가 모욕하는 만군의 여호와 하나님으로 나간다.'고 담대하게 외치세요. 그리스도가 우리의 변호사이며, 그분이 나와 함께 계시지 않습니까. 영적 대진표를 바꾸면 친히 하나님이 대신 싸워주십니다. 당신의 이름으로 나아가기 때문에 그분이 나의 칼과 방패가 됩니다. 여러분의 어려움을 모두 막아주십니다. 억울한 것 다 해결해주십니다.

바보처럼 당하는 것 같습니까? 바보 취급을 받으면서 가만히 있습니까? 하나님 앞에 기도하고 이면계약을 한 사람들은 그렇게 보일 수 있습니다. 하지만 나중에는 결국 다 이기게 되어 있습니다.

여러분은 행복한 무한도전을 하세요. 세상이 말하는 무한도전이 아니라, 행복하면서 영적으로 무한도전을 하는 것입니다. "나는 참 행복한 사람이다." 스스로 고백하세요. 누가 보아도 "성도님, 참 편안하고 행복해 보입니다." 하고 이야기되는 사람이 되어야 합니다.

그리고 상대에게 하는 말 또한 그런 말을 할 수 있어야 합니다. 우리나라는 상대를 지적하고 비난하는 말이 습관화되어 있습니다. 하지만 미국은 항상 '뷰티풀' '퍼펙트' 등의 말을 자주 사용하며 상대를 높여줍니다. '너 머리가 왜 그래' '옷이 왜 그래' '표정이 왜 그래' 하며 부정적인 표현을 많이 씁니다. 이런 관계는 금세 깨어지지요.

대신 칭찬하고 격려하면 그 관계는 오래 갑니다. 가족도 마찬가지에요. 자녀들에게 칭찬을 많이 해주세요. "와, 너 오늘 멋지구나!" "너 참 감각이 있네." 하고 칭찬하세요. 우리나라 사람들은 가족 간, 부모 자식 간에 칭찬을 잘하지 않습니다. "자식한테 뭐 그런 칭찬을 해요." 하는데 절대 그렇지 않습니다. 미국문화는 아내와 남편이 서로를 칭찬하고, 자식과 부모가 서로를 칭찬합니다. 아침부터 저녁까지 볼 때마다 입을 맞추고 "아이 러브 유"라고 고백합니다.

오늘부터 기독교 문화로 바꿔보세요. "당신 참 멋있어." "오늘 굉장한데." 너무 부끄럽다고요? 하지만 이것이 바로 행복한 무한도전입니다. 행복을 만들어가는 과정입니다. 거저 주어지지 않습니다. 내가 바꾸어나가는 것입니다.

올블레싱(All Blessing)을 주신 하나님

(1) 높이심의 절정 체험

올체인지를 했다면 이번에는 올블레싱입니다.

이러므로 하나님이 그를 지극히 높여 모든 이름 위에 뛰어난 이름을 주사 하늘에 있는 자들과 땅에 있는 자들과 땅 아래에 있는 자들로 모든 무릎을 예수의 이름에 꿇게 하시고 모든 입으로 예수 그리스도를 주라 시인하여 아버지께 영광을 돌리게 하셨느니라

−빌립보서 2:9−11

하나님께 순종하는 자들을 하나님은 이렇게 높이신다고 하였습니다. 모든 무릎, 모든 입, 주라 시인하여, 라고 했습니다. 굉장히 중요한 말입니다. '모든 이름 위에 뛰어난 이름' 즉 인류의 주인입니다. 순종하는 자들에게는 하나님이 이렇게 높임을 주신다 하였습니다. 예수 그리스도를 고백하고 높이는 삶을 살게 되면 하나님께 최고의 영광을 돌리는 삶을 살게 하십니다. 그리스도의 지극히 높고 영광스러운 위상과 권위를 예표하는 능력, 권위, 위엄, 영광, 이 모든 것을 주십니다.

이 말씀을 원어적으로 보면 '세상의 모든 존재를 처분할 수 있는 능력'입니다. 예수의 이름이 그렇게 높여졌습니다. 세상의 모든 것을 다 섬멸할 수 있는 능력, 그런 능력을 가진 통치자의 신분. 예수 그리스도를 믿는 사람이 그렇게 됩니다. 예수님을 제대로 믿으면 그렇게 된다는 것입니다.

그래서 우리의 예수 그리스도는 누구입니까? 우리의 구세주입니다. 원어로는 '큐리오스(Κύριος, Kurios in Greek)'. 한 분밖에 없는 유일한 분. 인류의 주인, 나의 주인이라는 뜻입니다.

하늘에 있는 것이나 땅에 있는 것이나 땅 아래 있는 것이 다 그리스
도 안에서 통일되게 하려 하심이라 　　　　　　　　－에베소서 1:10

　여러분의 아집, 고집, 동기를 모두 내려놓을 때 하나님은 역사
하십니다. 절대 여러분 스스로 포기하지 마세요. 우리는 자나 깨나
앉으나 서나 '그리스도'가 되어야 합니다. 이분이 모두 통치하고
있기 때문입니다. 다 해결하시기 때문입니다. 그러니 언제나 '큐리
오스, 나의 주인이시여!' 하고 고백하시기 바랍니다. 습관이 되어
야 합니다.

　예수님을 믿는다는 것은 보통 축복이 아닌데 사단은 장난을 칩
니다. 이 사실 자체를 잊어버리게 하고 불신자처럼 살게 만들어 놓
습니다. 구원의 축복을 받아놓고도 불신자와 똑같은 삶을 살아갑니
다. 얼마나 억울한 일입니까? 구원을 받았는데 종교인과 똑같이 살
아갑니다.

　우리가 믿는 것은 종교가 아닙니다. 우리가 믿는 것은 생명입니
다. 능력입니다. 그러니 실감나게 신앙생활을 해보세요. '트루 스토
리' 찬양에 나오지 않습니까. 주님을 느껴보세요. 주님을 느끼며 살

아보세요. 그분이 인도하시는 것을 느끼며 살아보세요.

모든 입으로 예수 그리스도를 주라 시인하여 하나님께 영광을 돌리
게 하셨느니라
—빌립보서 2:11

우리 인생의 최종 목표가 무엇입니까? 바로 아버지 하나님을 영
화롭게 하는 것입니다. 다니엘을 통해 "네가 항상 섬기는 하나님이
너를 살려주었느니라." 하며 하나님께 영광을 돌립니다. 나를 통해
내 가정에서, 현장에서, 일터에서, 하나님이 살아계심을 증거합니
다. 하나님께 영광을 돌립니다. 이것이 우리의 최종 목표입니다.

하나님은 똑똑한 나를 높이시려는 게 아닙니다. 나는 인격도 가
진 것도 별거 아니지만, 이런 나를 낮출 때 하나님이 영광을 받으십
니다. 전도 현장에 가보면 잘난 척하는 불신자들이 얼마나 많습니
까? 내가 죽어야 합니다. 창세기 3장도 모르면서 철학, 인문학 운운
하며 똑똑한 척을 하지만 우리는 참아야 합니다. 어떤 식으로든 그
리스도만 전할 수 있다면 나는 상관없다, 그저 기쁘고 또 기쁘다,
이런 마음이 되어야 합니다. 이것이 바울의 신앙자세였습니다. 아

무리 자존심이 상하는 말을 들어도 복음을 증거할 수 있다면 된 것입니다.

저는 어떤 경우에도 여기에 올인했습니다. '그리스도가 전파된다, 복음이 전파된다면 모두 내려놓을 수 있다.'는 마음으로 모든 걸 내려놓았습니다. 부부 사이에도, 가정에서도, 교회에서도, 그리스도로 모두 통일되시기 바랍니다. 어떤 논쟁도, 문제도, 해결하실 분은 오직 그리스도뿐입니다.

맺는 말

    성경에 보면 하나님의 산 역사를 보여주는 다양한 사건들이 많이 나옵니다. 홍해 사건, 요단 사건, 여리고 사건… 등이 쭉 나오죠. 하나님이 홍해 바다를 갈라 길을 내고, 여리고 성은 손가락도 안 댔는데 무너졌습니다. 그것도 밖으로 안 무너지고 안으로 무너졌지요. 그리고 철철 흐르는 요단강이 쫙 갈라졌습니다.

    이런 사건들이 일어난 이유가 무엇입니까? 한 마디로 "하나님이 하셨다."는 것입니다. 이 모든 건 결코 사람이 할 수 없는 거예요. 불신자는 결코 믿을 수 없는 일일 겁니다.

    우리의 본당 헌당은 누가 합니까? 하나님이 하세요. 사람이 하는 게 아니에요. 우리 교회에는 부자가 한 명도 없어요. 그런데도 이렇게 헌당이 이루어집니다. 참 신기하고 놀라운 일이죠.

　전 세계 행복지수 1위가 어디인 줄 아십니까? 바로 덴마크입니다. 행복지수 1위로 유명한 덴마크, 어떻게 이렇게 되었을까요? 그 중심에 '그룬트비히 목사'가 있습니다.

　19세기 프러시아 전쟁 때 덴마크 국민의 반이 죽어 나갔습니다. 영토의 40%를 뺏겼어요. 국민들이 얼마나 낙심하겠어요? 이때 이 나라를 살려낸 분이 그룬트비히라는 목사에요. 전쟁이 끝나고 나라가 안정되자 그룬트비히 목사님을 기념하는 교회를 세우기로 했습니다. 한 사람이 한 게 아니라 전 국민이 한 사람도 빠짐없이 동참해서 그룬트비히 기념교회를 세웠습니다. 100% 다 참여했습니다. '한 사람도 빠짐없이' 말입니다. '후대들에게 이 정신을 전달하자.' 하는 의미로 교회를 지었다고 합니다. 망가진 나라를 살려낸 그룬트비히 목사님의 정신을 이어받자는 의미에서 말입니다.

　예원교회는 언약 전달의 중심센터입니다. 그룬트비히 기념교회는 지금도 남아 있습니다. 나는 예원교회에 올 때마다 감격합니다. 비전 빌딩, 렘넌트 빌딩, 본당 볼 때마다 감격해요. '아 하나님이 하셨구나. 이렇게 가난한 강서 지역에, 부자라고는 한 명도 없는 이 예원교회에서 온 성도가 힘을 합쳐서 이 교회를 세워가시구나.' 하고 감동받습니다. 신기하고 놀라워요. 보통 교회 가면 부자가 한두 명은 있어요. 그러나 우리 교회에는 신기하게도 부자가 한 명도 없다는 게 은혜 중의 은혜예요. 부자가 있으면 그 사람만 쳐다볼 거 아니에요. 하나님 은혜라 생각이 듭니다.

《《《《《《─

그날에 여호와께서 말씀하신 이 산지를 지금 내게 주소서 당신도 그 날에 들으셨거니와

그곳에는 아낙 사람이 있고 그 성읍들은 크고 견고할지라도

여호와께서 나와 함께 하시면 내가 여호와께서 말씀하신 대로 그들을 쫓아내리이다 하니 **─여호수아 14:12**

저는 이 말씀을 참 좋아합니다. 갈렙이 아낙 산지를 정복하기 전에 했던 고백입니다. 아낙산지가 너무 강대하고 확실한 성읍이라 아무도 안 가려고 할 때, 85세 갈렙이 말합니다. "내가 가겠습니다. 전에 모세께서 말하지 않았습니까. 내가 나가겠습니다. 아무리 견

고할지라도 여호와께서 나와 함께 하시면 내가 그들을 쫓아낼 것입니다."

이런 신앙생활을 하시기 바랍니다. 아무리 견고하고 난공불락의 아낙 산지라도! 아무리 헌당이 우리에게 아낙산지같이 힘들어 보이고, 어려워 보이고, 저 멀리 보여도 하나님이 예원교회 성도들과 함께하시면 반드시 이루어질 줄로 믿습니다! 갈렙은 확신과 감격 속에서 이 고백을 했습니다. 저는 늘 이 말씀을 보며 도전을 받습니다.

<<<<<<←

헤브론이 그니스 사람 여분네의 아들 갈렙의 기업이 되어 오늘까지 이르렀으니 이는 그가 이스라엘의 하나님 여호와를 온전히 좇았음이라

−여호수아 14:14

오늘날까지 기업이 되었다고 합니다. 갈렙은 하나님과 함께하는 행복한 도전을 했어요. 결코 자기 혼자 한 게 아니에요. 하나님과 함께했어요. 따라 하세요.

"나는 행복한 헌신의 아이콘이다."

행복하게 헌신해서 최고로 축복받는 모델 되시기 바랍니다.

제가 좋아하는 말이 있습니다.

"Victory before fight."

우리의 신앙생활은 이겨놓고 싸우는 것입니다. 이미 본당 헌당은 하나님이 허락하셨습니다. 내가 너를 축복하기 위해 기다리고 있다, 이 땅에서 건강의 축복, 물질의 축복, 형통의 축복 주시려고 우리에게 미션을 준 것이다, 하는 사실을 깨닫기 바랍니다.

여러분이 안 해도 하나님은 하십니다. 누굴 통해서든 하십니다. 내가 왜 여기서 빠집니까. 내가 왜 이 명단에서 빠져야 합니까. 내가 왜 축복의 대열에서 빠져야 합니까. 나도 이 속에 들어가야지, 하며 영적 욕심을 내시기 바랍니다.

"절대 순종, 절대 헌신, 절대 행복의 삶을 살라."고 3일 동안 말씀을 주셨습니다. 이 말씀이 누구보다 나의 것이 되게 해달라 기도하세요. "하나님 말씀에 절대 순종하게 하여 주옵소서, 정말로 하나님께서 주시는 모든 시간, 내 몸, 내 삶을 헌신하게 해 주옵소서, 행복한 삶을, 행복의 아이콘이 되게 해 주옵소서." 하고 기도하시기 바랍니다.